AF360020

INTRODUCTION

A UNE

THÉORIE DE LA POSSESSION

OU APERÇUS PHILOSOPHIQUES

SUR LE DROIT CIVIL

ET SPÉCIALEMENT

sur la

LA PROPRIÉTÉ ET LA POSSESSION

PAR

L. A. MARINIER

Docteur en Droit.

La réunion des individus dans la société forme un ensemble de forces contraires.

Pour que l'ordre, c'est-à-dire le développement simultané et régulier de chacune de ces forces puisse se produire, il faut nécessairement qu'elles se meuvent dans des sphères différentes et se respectent entre elles. (p. 23).

PARIS

IMPRIMERIE DE MOQUET,

RUE DE LA HARPE, 92.

1856

INTRODUCTION

SUR

LA THÉORIE DE LA POSSESSION

APERÇUS PHILOSOPHIQUES

SUR LE DROIT CIVIL

ET SPÉCIALEMENT

SUR LA PROPRIÉTÉ ET LA POSSESSION [1]

PROLÉGOMÈNES.

Généralités : Nature de la science du droit. Son objet.

1. On appelle science un ensemble d'idées d'un même ordre coordonnées entre elles suivant les lois de l'entendement humain.

Or les lois ou méthodes de l'intelligence humaine pour arriver à la découverte de la vérité, sont au nombre de deux :

L'induction et la déduction.

L'induction, qui fait sortir d'un certain ensemble de faits particuliers des lois générales.

La déduction, qui partant de certains principes premiers et fondamentaux, en tire, à l'aide des lois

[1] Ce travail ayant été écrit simplement pour servir d'introduction à un traité sur la possession, on est prié de tenir compte de cette circonstance pour nous pardonner les lacunes qu'il pourrait contenir.

qui la régissent, les vérités particulières contenues dans ces principes.

2. Chacune de ces deux lois ou méthodes s'applique à des ordres différents de faits ou d'idées.

Par sa nature, la science du droit relève de la déduction ; soit qu'elle interroge les principes rationnels pour en rechercher les applications particulières, soit qu'elle s'attache à un texte de droit positif pour en tirer les conséquences qu'il renferme.

Mais la déduction suppose l'intelligence déjà maîtresse des principes, et n'ayant plus qu'à en mesurer l'étendue ; or c'est là un premier fait qui a exigé d'elle un travail d'observation et d'analyse. Avant de déduire les conséquences, il faut dégager les principes.

Observer, généraliser et déduire : telles sont les trois phases par lesquelles passe l'intelligence pour arriver à la science.

Plus la science se développe, plus le premier travail se restreint, plus les principes prennent d'étendue, plus les conséquences en découlent. Cependant l'observation reste toujours une nécessité. Des besoins nouveaux se font jour, de nouvelles situations se présentent, il faut en tenir compte et les faire rentrer dans le cadre toujours mobile de la législation.

3. Le fait que nous signalons en ce moment, explique l'existence simultanée de ces deux principes du droit romain, le *strictum jus* et l'*æquitas*. Le *strictum jus* ou *jus civile* n'est que le résultat d'une généralisation prématurée et nécessairement incomplète. Cercle étroit de principes dont on ne veut plus étendre le nombre, se bornant rigoureusement aux conséquences qu'ils contiennent.

L'équité prétorienne, au contraire, ne se trace point des limites aussi étroites; elle observe les faits nouveaux et ne craint point de formuler les principes qu'ils renferment (1).

4. Cela posé, nous devons préciser les idées premières auxquelles viennent se rattacher les différentes branches de la science du droit.

Pour atteindre ce but, deux procédés s'ouvrent au jurisconsulte et lui sont indiqués par la nature même des choses.

Le premier consisterait à parcourir les différentes parties de cette science, à en saisir les rapports, et à généraliser ainsi les dispositions diverses qui la composent. Par là se révélerait l'*ordre déterminé d'idées* qui constitue la science en question (2).

----

(1) Ces deux législations sont la personnification la plus vivante des deux principes sur lesquels est basée la société toute entière : l'ordre et la liberté, la tradition et le progrès. L'un, nécessité des sociétés humaines, surtout à leur origine; l'autre, fruit du temps et de l'activité individuelle.

(2) S'il nous était permis d'emprunter à l'ordre physique une comparaison pour rendre notre pensée plus frappante, nous dirions que l'homme est, dans la recherche de la vérité, semblable au voyageur qui gravit péniblement les flancs irréguliers de la montagne. Une fois parvenu sur le sommet, de vastes horizons s'offrent à sa vue ; mais ces hautes régions ne sont point le but unique de sa course. De ces hauteurs, il ne distingue point net-

Dans le second moyen, au contraire, le jurisconsulte, partant d'idées premières données par la science philosophique de l'homme, en rechercherait et en suivrait la réalisation dans les différentes branches de la législation.

Le premier procédé est le seul à employer pour l'étude et la recherche de la vérité scientifique.

Le second est préférable dans son exposition et son enseignement.

En suivant le second moyen que nous venons d'indiquer, nous tenterons de donner une définition du droit d'où découleront ensuite les différentes divisions de cette science.

5. Considéré dans toute sa généralité, le droit est la science des actions humaines dont les hommes vivant en société, peuvent exiger l'accomplissement les uns vis à vis des autres (1).

tement les choses qui s'offrent à ses regards ; aussi lui faut-il bientôt les abandonner pour redescendre dans la vallée, en suivant des pentes plus douces et plus régulières.

Parmi les voyageurs, les uns restent dans la vallée, d'autres se plaisent et s'oublient sur les sommets ; d'autres, enfin, tout en gravissant ces cimes, ne perdent point de vue leur but final, et en redescendent pas à pas, observant en détail les choses qui leur apparaissaient confuses dans leur ensemble. On a reconnu là les trois variétés de l'intelligence : la pratique, la théorie et leur alliance.

(1) C'est en ce sens que Falck (Encyclop. jurid. trad. de M. Pellat, p. 2) définit le droit : « un ensemble de principes de préceptes et de règles, auxquels les hommes vivant dans un état ou dans une société civile sont soumis de telle manière qu'ils puis-

On peut encore le définir la science des droits (1)
et des devoirs.

Le devoir est une *nécessité légale* qui vient restreindre la liberté en réglant son développement.

Le droit est la faculté d'exiger l'acccomplissement
d'un devoir.

La corrélation de ces deux notions a été signalée
assez souvent pour que nous n'ayons pas besoin de
nous y arrêter davantage. Il nous suffira de remarquer que le droit et le devoir ont une source commune qui est la loi : Le devoir, c'est la loi (2) *en tant
qu'elle s'impose à l'individu pour régir son activité ;*
le droit, c'est la loi, *en tant qu'elle peut être invoquée
vis à vis d'autrui par celui au profit duquel elle
dispose.*

Loi, droit et devoir : telles sont les trois notions

sent, en cas de besoin, être contraints à les observer par l'application de la force. »

(1) Nous n'avons pas besoin d'observer que le mot droit n'a
pas dans le corps même de la définition le même sens que dans
l'objet à définir : c'est ce qui résulte des explications qui sui-
vent dans le texte.

C'est avec raison que le mot droit a été pris pour désigner la
science qui porte ce nom, par opposition à la morale. Le *droit*
ne s'occupe pas de tous les devoirs de l'homme, mais seulement
de ceux à l'accomplissement desquels on peut être contraint,
de ceux auxquels correspond un droit. Le droit se sépare ainsi
de la morale, qu'on pourrait définir la science des devoirs : idée
plus compréhensive que la première, car il y a des devoirs auxquels ne correspond point un droit.

(2) Ou si l'on aime mieux son effet.

que la science doit analyser dans leurs applications diverses.

6. Il importe de revenir sur le but que nous avons assigné au droit, but qui constitue son principe premier et fondamental, et dont il faut suivre les conséquences.

C'est, avons-nous dit, de régler le développement de la liberté humaine, et de tracer les modifications qu'il éprouve par suite de l'existence de l'homme en société.

Le droit doit donc suivre l'homme dans son existence ; or cette existence, à raison même de la nature de l'homme, se divise en deux phases bien distinctes :

Développement des forces de l'individu jusqu'à leur maturité ;

Action de ces forces au milieu des circonstances dans lesquelles elles doivent se réaliser.

Ces deux phases de l'existence de l'homme s'accomplissent sous l'empire d'une loi suprême, d'un double besoin de sa nature, l'individualité et la sociabilité.

De là la *société de la famille* ou *société de production*, et la *société civile* proprement dite ou *société d'action*.

7. Dans la famille, l'homme naît, grandit et se développe au physique et au moral ; son individualité se constitue (1). Dans la société civile, l'homme réa-

____

(1) Ce n'est pas à dire que chez nous, tant que l'individu est

lise son individualité, *sur les choses et à l'égard de ses semblables*. De là, la propriété, la possession et l'obligation, notions sur lesquelles nous allons revenir à l'instant.

En tant qu'il s'applique à l'ensemble de ces deux situations, le droit prend la dénomination de droit privé. Le droit privé peut donc se diviser en droit de famille et droit civil proprement dit (1).

8. Mais les deux sociétés précédentes ne suffisent pas au développement complet de l'individualité humaine. En l'absence d'un pouvoir supérieur, les droits des individus seront violés, et la société elle-même sera livrée au règne de la force. En outre, la réunion des hommes en société fait naître des besoins d'intérêt général qu'il faut satisfaire.

sous la puissance de son père ou de sa mère, pendant sa minorité, il n'ait point une personnalité juridique. Il est susceptible d'acquérir, de posséder, etc. Mais il n'agit point par lui-même; en ce sens, son individualité n'est pas complète.

(1) Cette dernière signification du mot *droit civil* est peu usitée. Ordinairement on désigne par droit civil le droit privé tout entier. Peut-être vaudrait-il mieux, pour l'exactitude du langage, restreindre comme nous le faisons ici, le mot *droit civil* au droit privé moins le droit de famille. Chaque partie du droit aurait alors sa dénomination propre. La confusion qui existe à cet égard, tient sans doute à ce que l'on traite en général simultanément et du droit de famille et du droit civil proprement dit. — Observons en outre que le droit civil tel qu'il est déterminé par la plupart des législations ne comprend pas tous les rapports d'intérêt privé des hommes vivant en société. A raison de certaines circonstances, la loi en distrait une partie, qui sous le nom de droit commercial, constitue une branche spéciale du droit.

Ces deux faits servent de base à une troisième société qui domine les deux premières, tout en s'y rattachant par le lien que nous venons d'indiquer.

Cette nouvelle société, c'est l'État, société politique ou de *conservation* dont le but principal est d'assurer à chacun de ses membres, le libre exercice de ses droits, et de le contraindre aussi à l'accomplissement de ses devoirs, soit envers les individus, soit envers la société toute entière (1).

Cette dernière société devient ainsi le moyen par l'intermédiaire duquel se réalisent d'une manière solide et durable les deux premières, c'est-à-dire l'organisation de la famille et celle de la société civile, telles que la nature de l'homme les comporte. Elle est aussi à la fois protectrice des intérêts privés et des intérêts généraux.

La société politique atteint le but en vue duquel elle est créée, au moyen des pouvoirs qui sont confiés à ses représentants, et dont l'étendue est déterminée par ce but lui-même.

Il faut d'abord proclamer les rapports réciproques des individus, de la famille, de la société civile, et de la société politique; c'est la mission du pouvoir législatif.

Il faut ensuite en assurer la réalisation; c'est le devoir et le droit du pouvoir exécutif. Mais suivant la nature des rapports, il se divise en deux branches. A l'autorité judiciaire appartient l'application des

_____

(1) C'est ce qu'exprimait la déclaration des droits dans son article 2 : « Le but de toute association politique, est la *conser-*

lois d'intérêt privé (1). Dans le domaine de l'autorité administrative, c'est-à-dire du pouvoir exécutif proprement dit, rentre tout ce qui est relatif aux intérêts généraux et à la conservation de l'État lui-même (2).

On appelle droit politique et administratif la science de *l'organisation*, des *attributions* et du *mode d'action* des pouvoirs publics, ainsi que les rapports réciproques qui existent entre eux et les administrés. Le grand problème de cette science est de tracer la sphère du pouvoir et le domaine de la liberté, et de fixer la ligne de démarcation entre ces deux éléments rivaux.

9. Enfin, comme par la force même des choses, les sociétés politiques ont une étendue territoriale restreinte; diverses sociétés de cette nature coexistent à la surface du globe.

La connaissance des règles qui doivent présider à leurs rapports, fait l'objet du droit international.

vation des droits naturels et imprescriptibles de l'homme. Ces droits sont la liberté, la propriété, la sûreté et la résistance à l'oppression. » Cette dernière expression se ressent des idées du temps.

(1-2) Cela n'est vrai que d'une manière générale, car des matières relatives aux intérêts généraux sont quelquefois confiées à l'autorité judiciaire. C'est ce qui a lieu notamment en matière de contributions indirectes ; les tribunaux ordinaires étant compétents pour connaître des contestations entre la régie et les contribuables. Nous pourrions citer encore bien d'autres dérogations.

10. En résumant ce qui précède, nous dirons que l'homme *naît, grandit et se forme* dans la famille; qu'il vit et *agit* dans la société civile, sous la *protection* de la société politique.

Tel est l'ensemble des faits qui constituent le domaine du droit.

11. Il importe de préciser le point de ce vaste cadre sur lequel doivent porter nos recherches.

La famille et l'État y sont étrangers ; aussi nous suffit-il d'avoir indiqué d'une manière générale le rapport qui les unit à la société civile.

C'est dans les droits qui se rattachent à cette dernière que vient se ranger la possession, but du présent travail. Nous devons donc nous arrêter un peu sur la nature que nous avons assignée à la société civile et justifier le principe que nous avons posé comme sa base.

Du droit civil.

12. Nous avons défini la société civile une *société d'action*, c'est-à-dire le théâtre où venait se réaliser l'individualité humaine constituée dans la famille. Pour préciser le sens de ces expressions et montrer que sous elles se trouvent non point des généralités vagues, mais des idées pleines de vie et de réalité, il nous faut signaler les différents faits juridiques qui dans les législations des peuples civilisés constituent la société civile proprement dite, et les rattacher à notre principe.

Or, en parcourant les deux derniers livres de notre code Napoléon, que l'on peut bien, malgré ses imperfections, prendre pour modèle à cet égard, nous voyons que toutes les dispositions de la loi vien-nent se ranger sous les trois idées suivantes, qui en sont comme la synthèse la plus large : propriété, possession, obligation (1).

La propriété fixe l'attention du législateur pour en déterminer la nature et l'étendue, ses démembre-ments, les modes d'acquisition de conservation, de modification et de transmission. C'est sous cette grande branche de notre division que vient se placer la théorie si importante des droits réels ; car la propriété renferme en elle tous les droits réels que l'homme peut exercer sur les choses. Suivant qu'ils revêtent différents caractères, ces droits prennent des dénominations différentes (usufruit, usage, habitation, servitudes, gage, hypothèque, etc.); mais ils ne sont toujours que des modifications de la pro-priété, des démembrements de ce droit.

La possession est aussi un fait dont le législateur s'empare pour l'élever à la hauteur d'un droit et l'assujettir à certaines règles qui sont son œuvre ; soit qu'ils veuillent la protéger en elle-même, soit

______

(1) Les deux derniers livres du Code Napoléon sont surtout rela-tifs à la société civile telle que nous l'avons définie. Le premier traite en grande partie du droit de famille. Les dispositions qu'il contient sur la capacité des personnes se réfèrent, toutefois, à la société civile, car elles fixent le rôle que l'individu peut y jouer.

qu'il en fasse un mode d'acquérir la propriété.

Enfin l'obligation découlant d'une quadruple source, la convention, le quasi-contrat, le délit et le quasi-délit, devient dans la société civile l'un des éléments les plus féconds en résultats par suite des rapports qu'elle engendre entre les personnes.

Nous ne croyons pas avoir besoin d'insister plus longtemps pour prouver l'exactitude de notre analyse; il nous suffira de citer en terminant les paroles d'un des plus grands jurisconsultes dont la France s'honore : « Quidquid adquirimus, dit Cujas, id vel *dominium*, vel usus vel ususfructus, vel jus prædii (1), vel *obligatio*, vel *possessio* (2). »

15. Cela posé, il est facile de rattacher ces trois notions à celle de la liberté humaine que nous leur avons assignée comme base.

La philosophie du droit peut se résumer en cette matière dans les axiomes suivants :

L'homme est un être libre ;

Sa liberté se réalise par son activité, c'est-à-dire, soit par sa volonté qu'il révèle à ses semblables, soit par les actes qu'il accomplit sur les objets qui l'entourent : activité intellectuelle, activité physique.

Sous ce dernier rapport, l'homme est un être actif, placé par la nature au milieu de forces étrangères. Parmi ces forces, les unes n'opposent à l'exercice de

______

(1) L'usage, l'usufruit et les servitudes ne sont que des démembrements de la propriété.

(2) Cujas op. t. 8, p. 252, ad leg. 1, pr. 41. 2, ff.

son activité, que des obstacles de fait : ce sont celles de la nature physique. — Mais l'homme rencontre des limites d'un autre genre, dans l'existence de ses semblables, qui comme lui sont doués d'activité et de liberté. Du choc des individus naît le sentiment de la personnalité : l'homme sent qu'il doit respecter la liberté de son semblable, comme il a droit d'exiger qu'on respecte la sienne. A chacun sa sphère d'action ; c'est le seul moyen de permettre à des forces contraires de se développer simultanément. — Telle est l'origine de la notion de droit et de devoir. — Ce respect de la personnalité d'autrui embrasse non-seulement l'individu lui-même, mais encore son activité dans ses différents développements. C'est sur cette base que reposent le droit de propriété et le droit de possession.

L'activité crée la propriété, en s'exerçant sur une chose vierge encore de toute influence étrangère. Aussi la philosophie moderne a-t-elle donné pour base au droit de propriété, l'occupation et le travail.

L'occupation est la condition préalable du développement de l'activité ; elle en est en quelque sorte le point de départ ; le travail en est la réalisation.

Si l'on considère l'exercice de l'activité humaine sur les choses, indépendamment de toute relation juridique antérieure dont elle peut être ou non l'expression, on obtient le fait qui sert de base au droit de possession.

Pour le moment nous ne nous appesantissons pas

davantage sur ces idées ; nous nous attachons à signaler le point de contact des trois notions auxquelles nous avons ramené la société civile proprement dite. Nous entrerons par la suite dans plus de détails pour tout ce qui touche à la propriété et à la possession.

En même temps que l'*activité extérieure et physique* de l'homme est pour lui la source de droits importants, elle lui impose aussi une responsabilité qui découle de la liberté elle-même considérée comme *cause efficiente*, et qui peut le soumettre à des obligations nombreuses :

Tout fait accompli en dehors des limites du droit, et qui cause un préjudice à autrui, oblige son auteur à en réparer les suites. Tel est le grand principe formulé dans l'article 1382 du code Napoléon. C'est à cette source que se rattachent les obligations naissant d'un délit ou d'un quasi-délit. La nuance qui sépare ces deux sources d'obligations réside uniquement dans l'intention de l'agent.

Indépendamment de tout préjudice antérieurement causé, notre *activité personnelle* et la responsabilité qui en résulte, peuvent encore nous obliger, si par suite d'un fait auquel nous avons librement concouru nous nous trouvons dans la position de nuire à autrui par la direction que nous imprimerons à nos actes.

Telle est la base des quasi-contrats. Le code range dans cette catégorie la gestion d'affaires et le payement de l'indû : faits qui rentrent dans la définition que nous venons de donner et dans lesquels l'obligation se rattache à une idée de responsabilité. Cette responsabilité découle dans la gestion d'affaires de l'immixtion dans les intérêts d'autrui; dans le payement de l'indû, du fait d'avoir librement reçu une chose qui ne nous était pas due. L'obligation qui en résulte se traduit au premier cas par une reddition de compte; au second, par la restitution de la chose reçue (1).

Telles sont les conséquences actives et passives des actes extérieurs de l'individu.

14. Mais, comme nous l'avons dit, sa liberté, son activité se traduit encore par la manifestation de sa volonté à ses semblables.

L'accord de deux volontés sur un même objet constitue la convention, source nouvelle de droits et d'obligations, soit vis-à-vis de l'une des parties seulement, soit vis-à-vis de toutes deux réciproquement.

L'obligation se révèle ici à l'état d'une nécessité morale imposée à tout homme, de réaliser au profit d'une autre personne la situation qu'il lui a fait volontairement espérer, et sur laquelle celle-ci a déclaré compter. Principe de droit et d'équité qu'il suffit d'énoncer pour le faire briller de toute sa lumière, et sans laquelle aucune société ne serait possible; car nul ne pourrait s'assurer de l'avenir.

____

(1) Dans le payement de l'indû, l'obligation repose aussi sur ce grand principe, que nul ne doit s'enrichir aux dépens d'autrui ; la même idée sert de base à l'obligation du maître dans la gestion d'affaires.

Mais cette nécessité morale que le bon sens nous révèle à l'état d'axiôme, se rattache elle-même à la liberté. C'est ce que rendra plus évident l'analyse suivante (qui n'est au reste que l'application d'un principe déjà posé) :

Nous avons dit que tout développement de la liberté qui ne froissait point la personnalité d'autrui était légitime, et donnait à son auteur un droit acquis à la situation qu'il s'était faite; qu'inversement et par voie de conséquence, le développement de la liberté de l'individu n'était légitime qu'autant qu'il ne portait point atteinte à la personnalité d'un tiers. De cette idée découle la notion de la propriété comme nous l'avons montré. On peut aussi en déduire celle de l'obligation conventionnelle.

En effet, quand le contrat s'est formé par l'accord des deux volontés, il est exact de dire, au propre comme au figuré, que l'une d'elles s'est emparée de l'autre ou qu'elles se sont mutuellement saisies, suivant que la convention est unilatérale ou bilatérale. Or, dans cette appréhension intellectuelle de la volonté d'autrui, se rencontre un fait complétement légitime, puisqu'il ne s'est produit que du consentement de celui sur la liberté duquel cet empiétement a eu lieu. Il en résulte donc une situation acquise au profit de celui qui a joué le rôle de stipulant. Donc, tout fait qui tendrait à lui enlever cet empire restreint qui lui a été donné sur la liberté du promettant, est illégal. Or tel serait le caractère de l'acte par lequel celui-ci voudrait reprendre sa liberté complète. En effet, la possibilité d'émettre une volonté contraire à la première ne pourrait exister qu'à la condition de pouvoir retirer celle-ci et de l'anéantir. C'est précisément ce que le droit réprouve ; car ce consentement émis *appartient* à la partie adverse dès l'instant qu'elle l'a accepté. Vouloir le lui enlever, ce serait porter atteinte à sa personnalité qui s'en est emparée et qui plane désormais sur lui.

La réalisation de la liberté par la volonté tend à apporter une restriction à cette liberté elle-même. Pour se manifester de nouveau dans une direction contraire, elle est dans la nécessité de détruire sa première manifestation (1). Si cette volonté est restée interne, aucun obstacle n'en résulte, car nul ne peut se lier envers lui-même. Mais si elle s'est manifestée au dehors, et qu'elle ait laissé la personnalité d'autrui se lier à la première situation qu'elle s'était faite, elle est désormais entravée dans son action ; car elle rencontre un développement légitime de la personnalité d'autrui.

On trouvera peut-être ce style un peu imagé. Mais ce n'est point là une raison suffisante, pour rejeter les idées qu'il exprime. Dans l'ordre moral, le langage humain est souvent emprunté à des com-

---

(1) La volonté n'est que la forme de la liberté. Pour que la liberté puisse revêtir une forme nouvelle et opposée, il faut qu'elle ait (qu'on me passe le mot) les mouvements libres, pour abandonner au moyen de son action son premier état, et s'en créer un nouveau.

paraisons tirées du monde extérieur ; il n'y a peut-être pas de langue plus métaphorique que celle des sciences morales. C'est une observation qui a déjà été faite et qui a quelquefois donné lieu à d'ingénieuses étymologies. Aussi nous ne craindrons pas de poursuivre dans la même voie et de rendre notre pensée plus sensible par une comparaison :

Dans l'aliénation d'une chose mobilière ou immobilière, par la remise qui en est faite (c'est là le mode de transmission du droit naturel), celui qui reçoit la chose s'en empare du consentement de celui qui la livre. Dès lors la relation dans laquelle il se place vis-à-vis d'elle devient légale à l'égard de tous; car elle s'est formée sans atteinte à la liberté d'autrui. L'ancien propriétaire ne peut donc dépouiller celui qui a reçu la chose qu'il lui a volontairement livrée. — Il se passe quelque chose d'analogue dans la convention, avec cette différence que ce qui s'opérait sur la chose dans l'aliénation, se réalisera sur les volontés. D'un côté, le promettant aliène sa liberté par l'émission de sa volonté acceptée. De l'autre, le stipulant reçoit le consentement du promettant, et se l'approprie par l'adhésion qu'il y donne. Aussi a-t-on dit avec raison, que dans la convention il y avait *échange* de volontés.

Ainsi l'obligation a sa source dans un empiétement légitime sur la liberté d'autrui; mais comme primitivement les hommes sont indépendants les uns vis à-vis des autres, et que tous doivent se respecter réciproquement, il s'en suit que c'est la liberté seule de l'un d'eux qui peut permettre à l'autre d'empiéter sur elle. Les conventions doivent être le résultat du consentement libre des parties. La limite de la liberté ou plutôt sa restriction se trouve ici dans la liberté elle-même.

15. Ainsi se trouve tracé le lien qui rattache à la grande idée de la liberté humaine nos trois notions de propriété, de possession et d'obligation. — Nous sommes donc maîtres du principe générateur de la société civile, et nous pouvons le résumer en ces termes :

L'homme est une puissance libre.

La réunion des individus dans la société forme un ensemble de forces contraires.

Pour que l'ordre, c'est-à-dire le développement simultané et régulier de chacune de ces forces puisse se produire, il faut nécessairement qu'elles se meuvent dans des sphères différentes et se respectent entre elles.

De ce respect de la liberté d'autrui découlent les limites dans lesquelles la liberté individuelle peut se mouvoir; la formule se trouve dans les deux règles suivantes :

Toute relation créée, tout fait accompli sans froissement de la personnalité d'autrui est légitime, et dès lors ne peut être entravé ni anéanti par un tiers; car ce tiers porterait lui-même atteinte à la liberté réalisée de l'auteur du fait en question. C'est là le droit.

Tout fait qui froisserait la personnalité d'autrui

déjà librement manifestée est prohibé. C'est là le devoir.

Notions si corrélatives que notre deuxième proposition se trouve comprise dans les derniers mots de la première (1).

(1) Tel est en résumé le principe de justice, base fondamentale de la société. Nous disons base fondamentale et non base unique; car à côté de ce principe qui, il faut le reconnaître, n'est qu'un égoisme légitime, se trouve le principe de charité, principe d'abnégation et de dévouement, qui joue aussi un grand rôle dans l'existence des sociétés. Mais il rentre dans le domaine de la morale et non dans celui du droit.

La différence de ces deux principes et leur rapport, sont faciles à saisir : l'un divise, sépare (*suum cuique*), l'autre réunit, resserre. Tous deux ne sont que le reflet de cette double loi de notre nature : individualité, sociabilité.

Considérées des sommets les plus élevés auxquels l'intelligence humaine puisse monter (la suite de cette phrase fera disparaître ce que son commencement a d'ambitieux) ces deux idées vont se fondre dans celle du sentiment de la divinité elle-même : — A ce point de vue, respecter le développement des êtres libres qui nous entourent (principe de justice), c'est s'abstenir d'entraver dans son exercice légitime, cette liberté qui est l'œuvre de Dieu et à laquelle il a confié la continuation de son ouvrage ; l'inviolabilité humaine se revêt en quelque sorte de la force et de la puissance de l'inviolabilité divine ; — restreindre dans les limites les plus étroites, le sentiment de l'égoisme individuel, pour allumer en soi l'amour de son semblable et de la société humaine toute entière (principe de charité) c'est tendre vers l'ordre, l'harmonie et l'unité générale. Or cet amour de l'unité (qui constitue l'essence de la charité) n'est que l'aspiration de notre âme vers Dieu, l'unité par excellence. — La division ou variété est le caractère du fini ; l'unité, celui de l'infini ; s'élever

Propriété et possession.

16. Après avoir analysé les différents éléments
de la société civile, et signalé le lien qui les unit,
nous devons nous arrêter plus spécialement sur la
propriété et la possession, de manière à faire res-
sortir avec plus de clarté, leur nature, leur origine,
leur légitimité. Ce sont là des points sur lesquels il
importe de s'appesantir, et dont nous avons ren-
voyé à dessein l'étude, pour ne pas briser l'unité du

de la variété vers l'unité est la loi de l'humanité dans son développement ; ascension graduelle du fini vers l'infini sans que
jamais il puisse lui être donné de l'atteindre.

Cette identité de la charité et de l'amour de Dieu, dans l'a-
mour de l'unité est renfermée dans ces sublimes paroles du Sau-
veur : « Vous aimerez votre Dieu de tout votre cœur, de toute
votre âme, et de tout votre esprit. — C'est là le plus grand et le
premier commandement; — et voici le second QUI EST SEMBLA-
BLE A CELUI-LA. Vous aimerez votre prochain comme vous-mê-
me, — toute la loi et les prophètes sont renfermés dans ces deux
commandements. (St.-Math. ch. 22. n°ˢ 37 40). »

Les développements qui précèdent et qui ne sont que le com-
mentaire de ces belles paroles montrent quelle intime union
existe entre la morale et la religion. D'après cela, on peut juger
ce qu'il faut penser de cette proposition de Grotius d'après laquelle la loi morale pourrait se concevoir sans Dieu, quoique 'e
célèbre penseur reconnaisse que ce soit une chose monstrueuse
de supposer un seul instant que Dieu ne soit pas. *Quando bonus
dormitat Homerus !* (Voir la critique de ce passage de Grotius,
dans le beau livre de M. Oudot : *Conscience et science du devoir* t. 1. n° 114)

tableau général de la société civile que nous vou-
lions tracer d'abord. Au reste, les développements
dans lesquels nous allons entrer sont contenus en
germe dans les notions précédentes.

Quoique notre but soit d'étudier exclusivement
la possession, nous devons cependant dire quelques
mots de la propriété, de sa légitimité, qu'on a contestée dans ces derniers temps. Ce sont là des institutions qui ont entre elles une très-grande affinité :
« La propriété et la possession, dit M. de Parieu, se
complétant mutuellement l'une l'autre, leur étude
comparée est la condition nécessaire pour pénétrer
la véritable nature de chacune d'elles (1). »

17. La raison, cette faculté par laquelle l'intelligence s'élevant au-dessus des individus, contemple
en Dieu même les premiers principes des choses, la
raison, dis-je, révèle à l'homme les notions suivantes :

Tout être a une fin ;

Cette fin résulte de la nature même des facultés
dont il est doué (car elle n'est autre chose que le but
vers lequel elles tendent) ;

Elle est moralement obligatoire pour les êtres *in-
telligents* et *libres.*

Enfin ces mêmes êtres ont le droit d'écarter tous
ce qui s'oppose à son accomplissement. Nous avons

(1) Etudes critiques et historiques sur les actions possessoires,
p. 3. Nous aurons souvent occasion de citer cette monographie
remarquable autant par l'élévation des pensées que par la vaste
érudition qu'elle renferme.

tracé à cet égard, au n° 15, la loi régulatrice de ce développement des individus ; loi qui résulte de la notion même de l'ordre, c'est-à-dire de la direction des différents êtres vers leur fin, et qui se traduit dans le droit d'exercer notre activité tant qu'elle ne rencontre pas la personne d'un tiers, et dans le devoir de nous abstenir dès que nous sommes en présence de la personnalité d'autrui légitimement manifestée (1).

18. Si maintenant nous recherchons la réalisation de ces grandes données de la raison dans la destinée humaine, nous verrons que le premier fait dont l'homme est le théâtre, c'est le sentiment de ses besoins vers la satisfaction desquels il tend instinctivement. Être faible et insuffisant à lui-même, il doit demander à la nature qui l'environne et aux facultés dont il est doué les éléments de cette satisfaction. C'est sous l'empire de ce fait que son activité s'éveille et qu'elle se trouve impérieusement poussée à se manifester au dehors.

Cet état primitif de l'individu n'est autre chose que la grande loi de conservation qui régit tous les êtres de la création, condition préalable de l'accomplissement de leur destinée, premier but qui s'offre à leur activité. Il se réalise par l'appropriation des choses extérieures susceptibles de satisfaire nos besoins.

____

(1) Nous posons ces notions à l'état d'axiômes. Si elles peuvent faire à elles seules l'objet de méditations spéciales, cela est plutôt du domaine de la métaphysique pure que de celui du droit.

Ce fait considéré à la clarté des grands principes que nous venons de poser, s'élève à la hauteur d'un droit et devient la source de la propriété. En effet, cette appropriation n'étant que l'accomplissement d'une loi de la nature de l'homme, est légitime en elle-même. Devoir pour l'individu, elle devient donc la base d'un droit à son profit, toutes les fois qu'elle n'a point porté atteinte à la personne d'un tiers. La relation qui se forme alors entre l'homme et les choses est aussi sacrée que son existence elle-même. Y attenter, c'est froisser ce qu'il y a de plus respectable dans l'individu.

Telle est la propriété à son origine.

19. Mais une fois maître des choses nécessaires à la satisfaction de ses besoins, l'homme ne borne point là le cours de son activité. Il suffit de jeter les yeux sur l'état actuel de la société pour voir que la fortune n'y est point répartie dans la proportion exacte des besoins des individus. Combien n'ont que le strict nécessaire à leur existence, tandis que d'autres jouissent d'un superflu excessif. Combien ! dont la fortune puissante ne pourrait être épuisée par leurs besoins (1), quelques multipliés qu'on les suppose. Si donc on tient à légitimer cette situation, il faut chercher ailleurs que dans la nécessité de notre propre conservation le fondement véritable et actuel du droit de propriété.

(1) Nous ne parlons pas des caprices qui n'ont point de limites.

Qu'on ne pense pas avoir tout dit en objectant l'impossibilité pratique de proportionner exactement les richesses aux besoins de chacun, et par suite la nécessité de laisser les choses dans l'état où elles sont. C'est là une réponse qui laisse place au doute, et qui dans des temps d'agitation et de désordre serait elle-même mise en question. Il faut creuser plus profondément pour trouver la véritable raison de décider, et l'asseoir sur une base inébranlable.

20. A côté de la loi de conservation, la première dans l'ordre logique comme dans l'ordre historique, vient se placer la loi du développement des facultés mêmes de l'homme, la loi du progrès, pour parler le langage de nos jours. Sous l'empire de ce mobile nouveau, l'homme ne restreint plus ses forces à la satisfaction des besoins premiers de sa nature. Il franchit la sphère dans laquelle il avait vécu jusque là ; il entrevoit des horizons plus vastes, un théâtre plus étendu s'offre à son activité. Son existence, jusque là concentrée en lui-même, aspire à se répandre au dehors : être ayant conscience de ses forces, il veut les exercer sur la nature entière, et celui qui tout à l'heure était esclave de ses besoins sent désormais en ses mains le sceptre du monde ! (1).

Que cette seconde phase de l'existence humaine soit un fait réel et positif, c'est ce que prouve la

______

(1) Dans son cours de droit public et administratif, M. Laferrière rattache aux deux idées de conservation et de progrès les lois de l'ordre administratif (Introd. p. 48).

marche des choses à quiconque veut l'interroger.

Qu'elle soit légitime, c'est ce que proclame la nature même de l'homme. Autant sa propre conservation est pour lui un devoir et un droit, autant le développement de son activité dans la mesure de ses forces lui apparaît comme obligatoire ; car qu'est-ce autre chose que la vie active de l'individu, le but même vers lequel ses facultés tendent, la *plénitude de son existence*?

Dès lors si ce développement d'activité considéré en lui-même et abstraction faite de toute relation avec les besoins matériels de l'homme est légitime, sa réalisation doit devenir la source d'un droit ; à condition seulement qu'elle se soit opérée sans froisser l'activité ni la personnalité d'autrui. C'est là l'application pure et simple de la grande loi que nous avons posée.

21. Mais ici il importe de bien préciser tout ce qu'exige impérieusement le respect de la liberté individuelle et du droit.

J'entends une philosophie (qui s'intitule sociale, et qui ne tend à rien moins qu'à jeter la société en dehors de ses lois véritables) s'écrier : « qu'il soit libre à l'homme d'exercer indéfiniment son activité, soit ! mais que les produits qui en résulteront, et dont la jouissance ne sera pas nécessaire à ses besoins personnels, soient versés à la masse commune pour aller satisfaire les besoins d'autres êtres qui souffrent. » Et notez que cette philosophie n'entend point donner par là un simple conseil à la bienfaisance du producteur, mais poser une loi dont l'accomplissement pourra se réaliser par la force publique. Elle croit avoir tout dit et avoir donné satisfaction complète au droit de chacun en reconnaissant à l'individu un droit indéfini au développement de son activité, mais un droit limité par ses besoins quant à la jouissance des produits. Telle est la distinction par laquelle on prétend tout concilier.

Mais ceux qui raisonnent ainsi ne voient pas qu'au moment où ils pensent faire à la liberté individuelle toute la part qui lui est due, ils la coupent au vif par leur ligne de démarcation. En effet, ils brisent l'indivisibilité qui existe entre le développement de l'activité, et le but en vue duquel cette activité s'est réalisée. C'est un sentiment inné chez l'homme, et dont les racines se trouvent dans sa nature d'être libre, de n'agir que dans le but de disposer des produits de son travail. Si donc vous l'empêchez d'user de cet avantage qu'il entendait se constituer, *vous arrêtez sa liberté, son activité dans sa marche,* vous froissez sa personnalité en voulant le réduire à l'état d'instrument. *Le droit de disposer n'est pas autre chose que la réalisation définitive de l'activité individuelle.*

On voit donc qu'en y portant atteinte, on frappe du même coup la liberté elle-même ; on viole la loi que nous avons déjà formulée, et sans laquelle nous ne saurions trop le répéter, l'ordre moral ne peut se concevoir.

C'est là ce qui a inspiré à M. de Parieu les paroles suivantes : « Séparer l'individualité du profit, de l'individualité du labeur, ce serait dépraver le travail et asservir l'humanité. Aussi l'histoire nous montre-t-elle la condition des personnes constamment liée à celle du sol ; et lorsque dans certaines expériences sociales, le législateur a privé l'homme de la propriété exclusive des fruits de son travail, même dans un système de communauté réciproque, il n'a guère produit que des variétés d'esclaves (1). »

Chose singulière ! Ces doctrines subversives de la liberté individuelle ont été de nos jours enfantées par ceux qui se donnaient comme ses plus zélés dé-fenseurs.

C'est au nom de la *liberté*, de l'égalité et de la fra-ternité qu'elles ont été proclamées. Triste délire de la liberté de tout concevoir et de tout dire, qui ne tendait à rien moins qu'à engloutir la liberté elle-même dans un déplorable suicide.

21 *bis*. Pour compléter nos idées sur la propriété, nous devons ajouter à ce qui précède une remarque importante.

La propriété n'est que la satisfaction de la loi d'individualité inhérente à notre nature d'être libre. Mais il ne faut pas oublier que, si l'homme est in-dividu, c'est-à-dire être doué d'une existence propre, il vit aussi, par une autre loi qui le domine, au mi-lieu d'une société dont il est membre. Cette société n'est autre que l'humanité toute entière ou une frac-tion de l'humanité, suivant qu'on envisage la société

(1) Etudes hist. et crit., p. 7.

générale ou les sociétés particulières qu'elle renferme. Cette qualité de membre de la société humaine, dont l'homme ne peut se dépouiller devient
pour lui la source de rapports et d'obligations; elle
entraîne comme conséquence rigoureuse que la
propriété ne peut devenir au profit de l'individu un
principe tellement égoïste et exclusif qu'il puisse le
placer légitimement en dehors de tout rapport avec
les autres membres de la société humaine : à côté
de la loi d'individualité vient se poser celle de sociabilité : l'individu est investi, il est vrai, de certains
droits qui lui sont propres ; mais il *doit* concourir, à
l'aide de ces éléments, *et au moyen de conventions
librement consenties*, au mouvement général de l'activité sociale ; et pour prendre des expressions plus
sensibles, les propriétaires et les capitalistes *doivent*
fournir aux travailleurs, *aux conditions* qu'*ils dis-
cutent*, les éléments de la production dont ils dis-
posent. Une conséquence de cette obligation, c'est
que dans la convention qui intervient, le propriétaire ou le capitaliste ne doit pas se montrer trop
rigoureux à l'égard du travailleur ; car autrement
ce serait rendre impossible le rapport qui doit exister, le concours qui doit être prêté.

Ainsi que cela résulte de nos expressions, nous
ne voyons là qu'un *devoir imparfait* auquel ne correspond pas un droit dont l'exécution forcée puisse
être organisée et réglementée par le pouvoir social.
La doctrine contraire s'est traduite sous le nom bien
connu du droit au travail. Elle se réfute par cette

considération, que, vouloir faire intervenir l'autorité sociale dans ces rapports, c'est enlever toute liberté dans le droit de disposer ; c'est anéantir la propriété dans ses résultats. (V. n° 21, ci-dessus), détruire l'individualité en vertu du principe de sociabilité. La conciliation réside dans la doctrine que nous présentons.

Tout en n'admettant pas qu'à l'obligation que nous reconnaissons, corresponde un droit véritable, nous ajouterons qu'EN FAIT, toutes les fois que la propriété manquera à l'accomplissement de cette obligation, elle sera attaquée. Mais si à certains instants de trouble et de désordre elle était compromise, cet échec ne pourrait être que de courte durée, les lois de l'ordre moral reprendraient bientôt leur empire.

22. Reconnaissons donc comme base légitime du droit de propriété, le travail, c'est-à-dire l'activité personnelle, le rayonnement de l'individualité (1).

A mesure que la civilisation augmente, le respect de l'individu se développe, et la propriété étend sa sphère.

D'abord restreinte aux choses mobilières destinées à satisfaire nos premiers besoins, et sur lesquel-

_____

(1) Telle était aussi la philosophie des jurisconsultes romains (fr. 1, § 1, 41, 2, ff.). On peut voir dans les § 12 et suivants du tit. 1; liv. 2 aux Institutes. avec quelle finesse d'observation, ils ont appliqué à l'acquisition de la propriété par occupation ce principe qu'elle réside dans l'impression de la personnalité sur la chose.

les notre empire se fait plus facilement sentir, elle s'étend ensuite aux immeubles. L'homme n'est plus seulement maître des fruits qu'il a fait produire à la terre, mais encore de la terre elle-même, cette source de richesses pour l'avenir. La propriété foncière devient ainsi un puissant élément de sécurité et de garantie.

A son tour, la propriété mobilière prend de l'extension : les besoins de l'homme se multiplient, son industrie se perfectionne, et imprime à la matière les formes les plus variées. Des valeurs nouvelles sont créées ; et nul ne peut prévoir les limites de cette nouvelle direction donnée à l'activité humaine.

Enfin, la propriété s'applique aussi aux résultats de l'intelligence humaine, idées, inventions, etc. Car là se rencontre l'élément qui lui sert de base, l'activité personnelle.

Ce n'est point à dire que ces trois sortes de propriété soient mises par les législateurs sur la même ligne et se soient développées avec un même essor. Par leur nature, elles ne peuvent être vues d'un même œil. La propriété mobilière conserve plus d'indépendance ; la propriété immobilière souffre plus d'entraves ; sur l'une l'individualité se grave plus profondément que sur l'autre ; l'une (au moins à l'origine) moins importante et toujours plus mobile que l'autre, échappe davantage à l'action du législateur. Les intérêts sociaux se rattachent différemment à elles. Il ne rentre pas dans notre plan de montrer et de suivre les différentes phases par lesquelles ont passé ces trois variétés de la propriété (1) ; mais, ainsi que nous l'avons dit, ce n'est que le développement de la civilisation qui a pu assurer à la propriété toute l'étendue à laquelle elle était destinée. Cela s'est rencontré à l'origine pour la propriété foncière, et se voit encore aujourd'hui pour la propriété intellectuelle.

23. Nous ne pouvons terminer cet aperçu rapide sur les fondements du droit de propriété, sans dire quelques mots de certaines idées que l'on rencontre en cette matière dans les écrits de plusieurs jurisconsultes. Nous voulons parler de ce que Puffendorf et après lui Pothier et M. Toullier, ont appelé du nom de *communauté négative*.

« Avant l'établissement de l'état civil, dit ce der-
« nier auteur, la terre n'était à personne, les fruits
« étaient au premier occupant. Les hommes répan-
« dus sur le globe vivaient dans un état que les au-
« teurs qui ont écrit sur le droit naturel ont appelé
« *communauté négative*, à la différence de la com-
« munauté *positive*, dans laquelle plusieurs associés
« ont en commun la propriété d'une chose indivise,
« qui leur appartient chacun pour une certaine
« portion.

« La communaute négative, au contraire, consis-
« tait en ce que les choses communes à tous n'ap-
« partenaient pas plus à chacun d'eux en particulier

____

(1) On peut voir dans les Études de M. de Parieu (p. 8 à 11) les divers obstacles que les législateurs ont opposés chez différents peuples au développement de la propriété foncière.

« qu'aux autres, et en ce qu'aucun ne pouvait em-
« pêcher un autre d'y prendre ce qu'il jugeait à
« propos, pour s'en servir dans ses besoins (1). »

Observons d'abord que l'expression dont se servent ces jurisconsultes n'est pas très heureuse ; l'un
des mots neutralise la portée de l'autre : en effet,
comment comprendre une communauté sans quelque chose de commun. Or, avant l'occupation individuelle l'homme n'a aucun droit déterminé sur les
choses ; il a seulement le droit de se les approprier,
de les faire passer dans son domaine, mais elles n'y
sont pas encore. Ce ne sera que par la réalisation
de son activité que son droit prendra naissance (2).
D'autre part, cette réalisation doit avoir pour effet
de constituer un droit exclusif.

Sur ce dernier point, on voit qu'il n'y a pas seulement une critique de mots à adresser à cette hypo-
thèse de la communauté négative. Les jurisconsultes
qui en ont conçu l'idée, n'ont point mis dans son
véritable jour le fait de l'occupation individuelle.
Par une conséquence de leur manière de voir, ils
n'en ont point saisi toutes les conséquences. C'est

(1) Toullier, t. 2, première partie, p. 26, n° 64, édit. de
M. Duvergier.

(2) Si cette dernière proposition avait besoin de démonstra-
tion, il suffirait d'observer : que la loi première de l'individu
consiste dans le développement de ses facultés; que par suite tout
droit, autre que celui de ce développement lui-même, doit ré-
sulter de la réalisation de son activité et non point la précéder :
autrement ce serait aller contre le but même de la destinée de
l'homme en lui enlevant un stimulant des plus puissants. —
Avant l'occupation, le genre humain est bien investi de ce do-

ainsi que M. Toullier (qui a présenté cette opinion de la manière la plus complète), a prétendu que, suivant le droit naturel, l'occupation ne brisait cette communauté négative que pendant le temps qu'elle se prolongeait par la possession, sans créer un droit perpétuel au profit de l'occupant :

« Celui qui s'emparait le premier d'une chose « acquérait, dit-il, sur elle une sorte de propriété passagère, ou, pour parler plus exactement, un droit « de préférence que les autres devaient respecter. « Ils devaient lui laisser cette chose pendant qu'il « la possédait ; mais après qu'il avait cessé de s'en « servir ou de l'occuper, un autre pouvait s'en servir ou l'occuper à son tour.

« Si l'ancien possesseur avait invoqué sa possession passée comme un droit de préférence encore « existant, le nouveau eût pu répondre par sa possession présente ; et lorsque d'ailleurs les droits « sont égaux de part et d'autre, il est juste et naturel que le possesseur actuel soit préféré (1), car, « pour lui ôter sa possession, il faudrait un droit « plus fort que le sien (2). »

maine général que Dieu lui a donné sur la nature ; mais c'est là un droit qui existe collectivement au profit de tous ; il n'est empreint d'aucun caractère de personnalité et d'exclusion comme l'est la propriété.

(1) M. Toullier cite ici la maxime romaine : *in pari causa possessor potior haberi debet.* Cet adage n'a que faire dans la question, on peut en voir le sens et l'application dans les textes cités par Godefroy sur la loi 128 *de reg. jur.*, au Digeste.

(2) Toullier. t. 2. 1re part. p. 26-27 n° 65. édit. Duvergier.

M. Toullier ne trouve l'origine réelle de la propriété que dans le droit civil. L'agriculture elle-
même ne créa qu'une propriété temporaire : « Le
droit que donne la culture et les effets de l'occupation habituelle qui en dérive, finissaient, dit-il, avec
la récolte, s'il n'y avait pas de nouveaux actes de
culture ; car rien n'indiquait plus l'intention d'occuper. Le champ qui cessait d'être cultivé redeve-
nait vacant et soumis au droit du premier occupant...
Pour donner à la propriété le caractère de stabilité
que nous lui voyons aujourd'hui, il fallut des lois positives, des magistrats pour les faire exécuter, en
un mot, il fallut l'état civil (1). »

24. Il nous en coûte d'être obligé de rejeter les
idées d'un homme auquel la science du droit est re-
devable de tant d'aperçus élevés. Mais tout en reconnaissant que M. Toullier a souvent rattaché avec
bonheur les notions du droit positif aux grands
principes de la philosophie du droit, nous ne saurions le suivre sur le terrain où il s'est placé. Sans
doute, ainsi que l'indique la dernière phrase que
nous avons citée, la propriété n'a acquis une stabilité de fait réellement durable que par l'organisation
d'un pouvoir social (ce que M. Toullier appelle l'établissement de l'état civil). Mais il serait contraire à
la nature des choses, de dire, qu'en dehors des dispositions des lois positives, l'homme n'a point eu
lui l'idée de la propriété, comme droit distinct de la
prolongation de l'état de fait qui lui sert de base : il

(1) Ibid p. 28 n°° 70-71.

se sent puissance libre et digne de respect ; son instinct et sa raison lui disent que cette activité dont il est doué produit par son développement une relation sacrée entre lui et les choses sur lesquelles elle s'exerce ; que cette relation subsiste après que son activité a cessé de s'exercer ; car sa réalisation crée des modifications qui lui survivent et qui rattachent ainsi la personne et la chose. C'est ce qui ne saurait être contesté pour les meubles, c'est ce qui ne saurait l'être davantage pour les immeubles. En vain, M. Toullier objecte qu'une fois la récolte des fruits terminée, rien n'indique « l'intention d'occuper. » C'est nier l'évidence. La terre a-t-elle complètement perdu par ce fait les propriétés dont l'a douée le travail humain ? Est-elle revenue à cet état primitif dans lequel l'homme l'avait trouvée ? Des signes d'occupation ne sont-ils pas encore là pour indiquer la volonté de l'individu ? En un mot, tout vestige de son activité a-t-il disparu ? S'il n'en est point ainsi, qui peut présumer que leur auteur renonce au profit qu'il pourrait en retirer dans l'avenir avec ou sans effort, et auxquels il a droit ! Ce serait méconnaître la nature humaine et les sentiments qui y sont le plus profondément enracinés.

25. Ainsi apparaît comme certaine la notion de la propriété, et par suite sa distinction d'avec la possession : distinction qui a passé dans la loi. L'article 544 du Code Napoléon a défini la propriété « *le droit de jouir et de disposer* des choses de la manière la plus absolue, pourvu qu'on n'en fasse pas

un usage prohibé par les lois ou par les règlements. »
L'article 2228 a dit au contraire que la possession
est *la détention* ou *la jouissance* d'une chose ou d'un
droit que nous tenons ou que nous exerçons par
nous-mêmes, ou par un autre, qui la tient ou qui
l'exerce en notre nom. »

En envisageant ces deux notions dans leur rapport respectif, on dit de la propriété qu'elle est un
droit, et de la possession qu'elle est un fait. L'une
est un principe supérieur aux différents actes qu'accomplit sur la chose celui qui en est légitimement
investi ; l'autre n'est que la relation produite par
ces actes eux-mêmes. En un mot, la possession
jaillit du fait ; au contraire, la propriété (qui à l'origine offre, il est vrai, le même caractère), le domine
et lui sert de cause.

26. La séparation de la possession et de la propriété ne s'est pas opérée dès l'origine. D'abord la
propriété et la possession furent compagnes; la
possession n'était encore que la prolongation de
l'occupation première ; elle ne constituait point un
état distinct de la propriété, quoique se trouvant
réuni avec elle.

La première violation du droit de propriété (et
elle n'a pas dû longtemps se faire attendre) a présenté la séparation de la possession et de la propriété : séparation qui suppose une société, c'est-à-
dire un ensemble de relations. En effet, pour que
mon activité ne me rende pas propriétaire, mais
seulement possesseur des choses auxquelles elle

s'applique, il faut qu'elle soit limitée par celle d'autrui déjà exercée. — Toutefois il n'y a encore là qu'une séparation de fait. La possession ne constitue encore qu'une violation pure et simple du droit de propriété, et non un état juridique à part.

Il a fallu que cette situation d'un possesseur qui n'est point propriétaire se rencontrât plus d'une fois dans la pratique, pour que le législateur imaginât d'envisager la possession, abstraction faite de la propriété, là même où elle pouvait s'y trouver jointe, et d'y attacher des effets juridiques. C'est alors seulement que la possession s'est distinguée comme droit à part, accompagnant la propriété ou s'en séparant. Telles sont les trois phases par lesquelles elle a passé pour arriver à ce but. C'est donc là un fruit du temps et d'une civilisation avancée. Il atteste chez le législateur, un sentiment plus vif du respect qui est dû à tout ce qui est empreint de la personnalité humaine.

Néanmoins, tout en se détachant de la propriété, la possession a continué d'avoir avec elle une relation intime; elle en est devenue l'exercice et le moyen le plus énergique de conservation.

27. Ainsi que nous venons de le dire, les législations ont attaché à la possession des effets juridiques. Nous n'avons pas l'intention d'en faire ici la nomenclature : ce serait un travail sans doute assez fastidieux, quand on songe qu'un commentateur cité par M. de Savigny(1), n'en a pas compté moins de

(1) Traité de la possession Trad. Beving; p. 30, note 1.

72 : ce qui explique suffisamment ces mots connus :
Beati possidentes.

Nous nous contenterons de signaler les principaux, en faisant observer qu'ils se basent en général sur la faveur dont doit jouir auprès de tout législateur l'activité et le travail, source de prospérité pour les individus et les nations, et sur la défaveur qui doit au contraire se répandre sur la négligence et l'incurie. Sous ce rapport, la possession se rattache, ainsi que nous l'avons déjà dit, au développement de l'activité humaine, c'est-à-dire à un principe analogue à celui qui sert de base au droit de propriété lui-même.

28. Dans le droit actuel, la possession produit à elle seule deux effets principaux : la prescription et les actions possessoires.

Elle est d'abord un moyen d'acquérir la propriété (1). En effet, s'il est juste de dire que la propriété est un droit distinct de son exercice, il n'en est pas moins vrai qu'elle ne saurait s'en isoler impunément. Dès que le propriétaire cesse de traduire son droit par des actes extérieurs et exclusifs, il est à craindre que des tiers jaloux ou de bonne foi ne viennent s'emparer d'une chose qui n'est plus activement défendue. La loi civile ne peut pousser ses faveurs jusqu'à permettre au propriétaire de pouvoir

---

(1) Art. 712, 2219, 2262, C. N. Cet effet est dans notre droit attaché à la possession seule. L'existence d'un titre et de la bonne foi n'est nécessaire que pour abréger les délais de la prescription.

indéfiniment troubler le possesseur. L'ordre public exige qu'au bout d'un certain temps la possession de ce dernier se consolide d'une manière entière. C'est aussi pour cela que tous les législateurs ont fait de la possession, moyennant certaines conditions, un moyen d'acquérir la propriété : « *Bono publico*, disait la loi romaine, *usucapio introducta est, ne scilicet quarumdam rerum diu et ferè semper incerta dominia essent : cum sufficeret dominis ad inquirendas res suas statuti temporis spatium* (fr 1. 41, 3, ff.).

Nous reviendrons tout à l'heure spécialement sur le fondement des actions possessoires. Il nous suffit de dire pour le moment, que tout possesseur annal peut, au cas de trouble ou de dépossession, se faire maintenir ou réintégrer, sans prouver aucun droit de propriété dans la chose (art. 23, C. de pr.).

Outre les deux effets que nous venons de signaler, et qui sont attachés à la possession en elle-même, la loi en fait encore découler d'autres quand certaines circonstances se rencontrent.

C'est ainsi que, d'après l'article 549 du Code Napoléon, le possesseur fait les fruits siens quand il possède *de bonne foi* (1) ; tandis que dans le cas contraire, il est tenu de rendre les produits avec la chose au propriétaire qui la revendique. Le possesseur est de bonne foi quand il possède comme pro-

____

(1) La bonne foi n'est pas un élément de la possession, mais une circonstance qui peut l'accompagner.

priétaire, en vertu d'un titre translatif de propriété dont il ignore les vices (1). Il cesse d'être de bonne foi du moment où ces vices lui sont connus (article 550 C. N.)

Observons à cet égard que la bonne foi se présumant toujours (art. 2268), c'est au revendiquant à prouver la mauvaise foi du possesseur ; que par conséquent tout possesseur a l'espérance de faire les fruits siens, soit que le propriétaire échoue dans cette preuve, soit qu'il ne revendique qu'après le temps voulu pour la prescription.

En ce qui touche les meubles, la possession de bonne foi a pour effet d'en faire acquérir la propriété toutes les fois que la chose n'est ni volée ni perdue (2). Principe protecteur du crédit public, qui après s'être dégagé dans l'ancienne jurisprudence, s'est formulé dans la loi actuelle.

La possession est encore un mode d'acquérir la propriété des choses qui n'appartiennent à personne, telles que les bêtes sauvages, les objets abandonnés, etc. (3).

Mais il convient de remarquer avec M. de Savigny (4), que dans l'occupation et la tradition (5), la

(1) Les mots *posséder comme propriétaire* font allusion à l'élément essentiel de la possession, l'intention de se comporter en maître.

(2) Art. 2279, 1141. C. Nap.

(3) Art. 715 717. C. Nap.

(4) Trad. Beving. p. 30.

(5) Ce qui sous le code peut s'entendre de la tradition faite

possession n'existe point comme état à part d'une certaine durée précédant l'acquisition de la propriété, ainsi que cela a lieu dans l'usucapion. La possession « ne commence elle-même que dans le moment où la propriété est acquise. »

On a coutume de dire que la possession a pour effet de créer au profit du possesseur une présomption de propriété en vertu de laquelle il rejette la preuve à la charge du revendiquant. Ce dernier point est incontestable : tant que le revendiquant n'aura point établi l'existence de son droit de propriété, le possesseur sera maintenu, et les obscurités de la preuve s'interpréteront en sa faveur. Mais s'en suit-il qu'il faille voir là une présomption de propriété au profit du possesseur et quelque chose de spécial à la possession? C'est un point qui rentre dans la théorie de la nature juridique de la possession. Notons dès à présent que cet avantage, inhérent à la situation du possesseur, s'explique par le rôle qu'il joue dans le procès. D'après la nature même des choses, il figure nécessairement comme défendeur, car c'est contre lui que l'action en revendication est dirigée; or, il est de principe que la preuve incombe au demandeur ; c'est donc à celui qui revendique à prouver son droit de propriété. —En outre, comme le remarque M. de Savigny, cet avantage de rejeter la preuve à la charge du revendiquant n'est point

---

même *a non domino* d'un meuble non perdu ni volé. Article 2279.

spécial à celui qui a la possession juridique ; il appartient au simple *détenteur* contre lequel une action en revendication serait dirigée (1). — Il n'est donc point nécessaire de recourir à une présomption de propriété pour expliquer le point en question, et on ne peut y voir quelque chose de spécial à la possession.

L'auteur du *Traité de la possession d'après les principes du droit romain*, écarte également des effets propres à la possession le droit de repousser la force par la force. Ce n'est point là une faculté dont l'exercice puisse se traduire devant les tribunaux. Elle appartient aussi bien au simple détenteur juridique qu'au possesseur.

Il en est de même du droit de rétention, qui n'est qu'une exception de dol accordée au débiteur d'une chose, créancier à raison de cette même chose.

29. Arrêtons-nous maintenant sur les actions destinées à protéger la possession en elle-même, et recherchons-en la raison d'être.

Au premier coup d'œil il paraît assez difficile de leur donner une base logique et rationnelle. Assurer au possesseur le moyen de se faire maintenir ou réintégrer *provisoirement* au cas de trouble ou de dépossession, lui donner ce droit même vis-à-vis du propriétaire, cela ne semble-t-il pas être la violation la plus flagrante du droit (2)? Le possesseur après

(1) Savigny, p. 32. Il cite le fragment 9 ff. 6. 1.

(2) Quand nous parlons d'un maintien provisoire, c'est par allusion à l'action en revendication qui reste au propriétaire.

tout, n'est qu'un usurpateur! De quelle faveur est-
il digne? — Néanmoins notons d'abord que les
mêmes objections s'élèvent contre la prescription,
institution dont l'utilité ne saurait être contestée,
et que toutes les législations ont admise (1). Les
deux questions sont intimement liées. Cette remarque une fois faite, il nous sera facile de trouver dans
l'ordre public et l'ordre privé, des considérations
suffisamment justificatives des actions possessoires.

Au point de vue de l'ordre public, on trouve une
idée d'utilité et de justice :

1° *Principe d'utilité.* Ainsi qu'on vient de le voir,
la possession entraîne avec elle de nombreux avantages. Cela suffit pour en faire l'objet de convoi-
tises diverses ; si donc le législateur n'intervient
point pour en régler le sort, il est à craindre qu'elle
ne devienne la source de discordes et de luttes con-
tinuelles nuisibles à la tranquillité générale. Il est
bien vrai que la propriété doit attirer à elle la possession, et mettre un terme à ces luttes; mais la propriété elle-même peut être incertaine ; elle serait
donc souvent impuissante pour faire régner l'ordre
et la stabilité. Cependant la sécurité est la condition
de tout développement de la société. En présence
d'un pareil besoin et de tels dangers, le seul remède
qui puisse satisfaire à toutes les exigences est de dé-
sintéresser l'usurpateur en garantissant au possesseur troublé ou spolié le droit de faire cesser la voie

____

(1) Sauf toutefois la législation hébraïque. V. Domat, *Lois civ.*
partie 1. l. 3. t. 7. s. 4.

de fait, sans être dans la nécessité d'invoquer un droit de propriété dont l'existence pourrait être incertaine.

C'est une des bases sur lesquelles reposent la prescription et les actions pessessoires. La première de ces deux institutions serait insuffisante à elle seule. Comme dans la prescription il s'agit d'une acquisition complète de la propriété par la possession, le législateur doit être sévère dans les conditions qu'il exige, et imposer un laps de temps d'une durée assez longue. Or pendant cet intervalle, quelle sera la situation du possesseur? Sera-t-il permis aux tiers de se livrer impunément à des voies de fait envers lui? On ne saurait l'admettre sans perdre de vue le principe même qu'on s'est proposé de réaliser par l'institution de la prescription, je veux dire la sécurité du possesseur. Sans doute cette sécurité ne saurait être complète qu'à l'expiration du temps fixé pour prescrire, mais jusque là ne doit-on pas au moins lui accorder le droit de faire réprimer toutes les voies de fait dont il pourrait être victime? Qui pourrait s'en plaindre? C'est protéger la possession sans porter aucunement atteinte à la propriété. C'est établir dans le système des gradations au lieu de transitions brusques. L'action possessoire devient ainsi le moyen qui assure la marche du possesseur vers l'usucapion, en le mettant à l'abri de tout autre danger que l'action en revendication. Le rapport que nous signalons entre la prescription et les actions possessoires est établi par l'histoire. A l'origine des sociétés, dans l'enfance des civilisations, la propriété ne s'est pas encore bien dégagée de la possession, les délais de l'usucapion sont très courts, et par suite le besoin de l'action possessoire ne s'est pas encore fait sentir. Plus tard le respect de la propriété augmente ; la durée de la possession nécessaire pour prescrire est étendue, et l'institution de la prescription devient insuffisante pour protéger à elle seule la possession.

2° *Principe de justice*. La possession est en elle-même un état digne d'un certain respect ; car malgré la différence énorme qui la sépare de la propriété, elle s'en rapproche cependant quant à son origine : comme elle, elle est basée sur le développement de l'activité humaine. Cet élément se fortifie par l'existence d'une société. En effet, là où des institutions sont destinées à protéger la propriété, ce droit ne peut plus se comporter comme il le ferait en dehors de tout état social. L'usage des voies qui ont été organisées pour sa défense, est à la fois un droit et un devoir pour quiconque veut exercer ses droits. Il s'en suit que tout fait qui ne rentre point dans les formes tracées par la loi, est un acte illégal qui ne doit porter aucun préjudice à celui contre lequel il est dirigé, ni aucun avantage à son auteur, de là la nécessité de remettre les choses dans l'état où elles étaient avant la voie de fait. Tel est le second motif des actions possessoires.

Toutefois il est bon de remarquer que la loi apporte certaines restrictions à ce principe, en exi-

geant de la part du possesseur la réunion de conditions déterminées, à l'existence desquelles elle en
subordonne l'application. Nous pouvons signaler à cet
égard une différence fondamentale entre la législation
romaine et la nôtre. En droit romain, la possession
est protégée indépendamment de sa durée ; chez
nous la possession annale seule donne droit aux actions possessoires. Il ne faut pas conclure de là,
comme le fait M. Belime (1), que le droit romain,
en maintenant le possesseur actuel, réduisait la possession à un pur fait, et encourageait les usurpations.
On oublie qu'à côté de l'interdit *uti possidetis*, il y a
l'interdit *recuperandæ possessionis unde vi* pour les
biens fonds, et qu'à l'égard des meubles, l'interdit
utrubi joue le même rôle que les deux précédents;
qu'à l'aide des principes établis sur la perte de la
possession on ne peut guère être dépouillé sans avoir
un recours ouvert à ces voies ; qu'enfin dans l'interdit *retinendæ possessionis*, le possesseur actuel ne
triomphe point vis-à-vis de celui dont il tient sa
chose *vi, clam* ou *precario.*

Les motifs que nous a fournis l'ordre public, se
retrouvent au point de vue de l'ordre privé : sécurité et justice. Il y a plus, la propriété peut se trouver
dépourvue des preuves de son existence ; en plaçant à
côté d'elle et dans le fait qui en est l'exercice un droit
d'une preuve facile, ou lui assure des armes contre

____

(1) Traité de la possession, préface page 20, chapitre premier,
p. 13

tout agresseur. La possession devient ainsi le plus
puissant auxiliaire de la propriété. De là la nécessité
que la prudence impose d'agir au possessoire avant
d'intenter l'action en revendication : conseil donné
par les jurisconsultes romains et répété par tous les
écrivains postérieurs.

« Le propriétaire d'une chose, dit Pothier (1), ne
« doit avoir recours à l'action de revendication que
« lorsqu'il a perdu entièrement la possession de cette
« chose. S'il y est troublé par quelqu'un, il a un très
« grand intérêt d'intenter contre celui qui le trouble
« l'action en complainte possessoire plutôt que
« l'action de revendication ; et pareillement, s'il
« avait été dépossédé par violence, il a un très grand
« intérêt de se pourvoir par l'action possessoire
« qu'on appelle action de réintégrande, plutôt que
« par une demande en revendication. La raison est
« que lorsqu'on en vient au pétitoire, il y a beau-
« coup plus d'avantage à être le possesseur de la
« chose qui fait l'objet du procès qu'à être le deman-
« deur, celui-ci étant chargé de prouver son droit
« de propriété dans cette chose, au lieu que le pos-
« sesseur n'a rien à prouver de son côté, et est tou-
« jours présumé et réputé propriétaire, jusqu'à ce
« que le demandeur ait pleinement prouvé et éta-
« bli son droit de propriété (2). »

(1) Traité du domaine de propriété n° 307.
(2) Sur ces derniers mots voyez nos observ. au n° 28 de l'introduction.

L'article **26** du code de procédure augmente l'importance de ce conseil en décidant que le demandeur au pétitoire ne sera plus recevable à agir au possessoire.

30. Les raisons qui précèdent justifient l'existence des deux degrés organisés par la loi : le possessoire et le pétitoire. Elles répondent aux critiques qui ont été adressées à ce système, notamment par M. Béranger dans un rapport fait à l'Académie des sciences morales et politiques en date des 21 février et 18 juin 1835 (1). Suivant ce savant magistrat, la possession ne devrait point former une instance à part ; le juge du pétitoire *maintiendrait celui qui possède actuellement* et ordonnerait les mesures conservatoires jugées nécessaires.

Ce système supprime, comme on le voit, la possession, comme droit donnant recours à des actions spéciales. Or c'est là un défaut capital, si, ainsi que nous croyons l'avoir démontré, l'action possessoire est une institution éminemment protectrice de la sécurité publique, et même du droit de propriété en l'absence de titres. Il nous suffit de renvoyer sur ce point aux développements qui précèdent.

D'autre part le système qu'on veut substituer au régime actuel a tous les inconvénients du possessoire sans en avoir les avantages. En effet, pour maintenir provisoirement celui qui possède, il faut

---

(1) **V.** le tome 1 des mémoires de l'Acad. des sc. morales et uiqoipset.

rechercher à qui appartient la possession. Que la question se présente devant un tribuual civil ou devant un juge de paix, la difficulté est la même. Mais le tribunal sera moins à même de la trancher que le juge de paix, qui, par sa proximité de l'objet litigieux, peut en prendre une connaissance plus complète. En outre, en offrant aux parties le moyen d'obtenir une solution prompte et peu coûteuse, ainsi que cela a lieu avec le régime possessoire actuel, on diminue considérablement le nombre des voies de fait, des rixes, qui sans cela seraient inévitables.

On objecte que l'existence de deux instances séparées, l'une sur la possession, l'autre sur la propriété, multiplie les procès, et en ralentit la marche. Cela peut être en certaines circonstances ; mais il faut observer, d'une part, que si la possession appartient visiblemement à l'une des parties, l'autre, si elle comprend ses intérêts, agira directement au pétitoire ; d'autre part, que les procès possessoires ne sont point suivis nécessairement d'instances pétitoires. En effet, si le droit de la partie qui a succombé est incertain quant au fond, elle s'en tiendra là, et ne risquera point un nouvel échec. Sous ce rapport, le possessoire donne à un assez grand nombre de procès une solution prompte et définitive.

Enfin en proposant d'attribuer au juge du pétitoire la faculté de statuer sur la possession actuelle, on ressuscite une idée condamuée depuis longtemps, et qu'avait abrogée l'ordonnance de Montil-es-tours dès 1446.

L'innovation demandée est donc repoussée par les principes, par l'histoire et par des considérations d'utilité (1).

(1) Pour plus de détails sur ce point, voyez la préface du *traité du droit de possession et des actions possessoires* de M. Belime, ainsi que le chapitre XI des Etudes de M. De Parieu.

Paris. — Imprimerie de MOQUET, 92, rue de la Harpe.